San José el Protector

San José el Protector

UNA PREPARACIÓN DE NUEVE DÍAS PARA CONSAGRARSE A SAN JOSÉ

P. MARK JOSEPH GORING, CC

TRADUCIDO POR: JUAN PABLO OROZCO

 COMPANIONS OF THE CROSS

199 Bayswater Avenue
Ottawa, ON K1Y 2G5
Canada

http://www.companionscross.org

1949 Cullen Blvd
Houston TX 77023
USA

St. Joseph the Protector
Escrito por: Padre Mark Goring, CC
Traducido por: Juan Pablo Orozco

Todas las referencias bíblicas son de la Biblia
Latinoamericana.

Editado por: Jennifer Benitez
Diseño: Hermana Penelope Nguyen, SC
Diseñador de la portada: Jaroz

ISBN-13: 978-1544047652
ISBN-10: 1544047657

En Memoria del PADRE BOB BEDARD, CC
17 de Julio de 1929 - 6 de Octubre, 2011

Este librito es una guía de preparación de nueve días para consagrarse a San José. Cada día lee un capitulo y ora el Acuérdate a San José seguido por un Padre Nuestro, un Ave María, y un Gloria.
En el último día conságrate a San José rezando la oración de consagración que está en la página 89.

Nihil obstat: Rev. Richard Jaworski, CC
              Censor deputatus

Imprimatur: Rev. Terrence Prendergast, SJ
             Arzobispo de Ottawa
             8 de Septiembre del 2014

Tabla de Contenido

Introducción

*"San José me pidió tenerle una devoción
constante. Él mismo me dijo que rezara
diariamente tres oraciones [el Padre Nuestro,
el Ave María] y el Acuérdate una vez al día.
Me miró con gran bondad y me explicó lo
mucho que está apoyando esta obra. Me
prometió su especialísima ayuda y
protección. Rezo diariamente las oraciones
pedidas y siento su protección especial."*[1]
- Santa Faustina

*"Me encomendé también a San José, cuya
devoción fue siempre inseparable del amor
que consagre a la Santísima Virgen desde mi
infancia. Diariamente rezaba la oración: ¡Oh,
San José, padre y protector de las vírgenes!
Me parecía pues, estar bien protegida y
resguardada de todo peligro."*[2]
- Santa Teresita del Niño Jesús

---

[1] Santa María Faustina Kowalkska, Diario, La Divina
Misericordia en mi Alma, párrafo 1203
[2] Santa Teresita del Niño Jesús, Historia de un Alma, Capítulo
VI

Después de la Santísima Virgen María, no hay ningún santo en la Iglesia Católica que sea más honorado que San José. Como católicos, queremos mucho a San José. Le tenemos una gran devoción. La Iglesia tiene un número de celebraciones en su honor. Invocamos a San José en la oración eucarística y en las alabanzas divinas al final de la adoración eucarística. San José tiene muchos títulos hermosos. Se le llama el Protector de la Santa Iglesia, Terror de los Demonios, Patrón de los moribundos, Sostén de las Familias, Padre Adoptivo del Hijo de Dios, Esposo de la Madre de Dios, y aún más.

La devoción a San José complementa la devoción a Nuestra Señora. Este libro le ayudara a los lectores aprender más sobre el padre adoptivo de Jesús. Es también una guía para preparase para consagrase a San José. Cuando nos consagramos a este santo, estamos imitando a Jesús y María quienes se entregaron completamente al cuidado de este hombre justo. Aquellos quienes tienen una devoción a San José, como Santa Faustina, "sienten su protección especial." San José fue el protector y guardián de Nuestro Señor y Nuestra Santa Madre. Él es el Protector de la Santa Iglesia. Él también puede ser nuestro protector.

Día 1

Un Hombre de Silencio

"Demuestra que sabes, pero sobre todo que sabes callar." [3]

En la Biblia, no se encuentra ninguna palabra que haya dicho San José. Él es completamente silencioso. Él es un Hombre del Silencio y este silencio debería llamarnos la atención. Es fácil ver el silencio de San José y dejarlo pasar por desapercibido, pensar que el padre adoptivo de Jesús no es nadie más que un personaje menor en la historia de la salvación. Podríamos pensar que por que José es silencioso, no sabía lo que estaba pasando, que no se daba cuenta de los misterios que lo rodeaban. Pero yo te invito a que no te dejes engañar por este silencio. El silencio de San José debería hablarnos fuertemente a cada uno de nosotros.

---

[3] Sirácides (Eclesiástico) 32:8

Diez cosas que San José sabía

¿Que sabía San José sobre los misterios que lo rodeaban? Si vemos las escrituras, se nos hace obvio que él sabía mucho. Aquí están diez cosas que San José sabía:

1. *San José sabía cómo ser guiado por Dios.* Más que una vez, un ángel visitó a este humilde carpintero en un sueño. San José no le respondió a estos sueños asustado, confundido, o abrumado. Él simplemente hizo lo que se le pidió.

2. *San José sabía que el plan celestial se estaba haciendo realidad.* Dios no solamente dirigía la vida de San José, pero también estaba cumpliendo su promesa de salvación para todos los pueblos. A través de la guía de los ángeles, San José podía ver la gran obra que Dios estaba comenzando.

3. *San José sabía que Jesús fue concebido por el Espíritu Santo.* Le dijo un ángel en un sueño que María su esposa *"si bien está esperando por obra del Espíritu Santo."* [4]

---

[4] Mateo 1:20

Este misterio solamente fue revelado a pocas personas. Durante la vida de Jesús, toda la gente asumía que él era el hijo de María y de José. La realidad maravillosa de que Jesús había sido concebido por el Espíritu Santo estaba escondida de la mayoría de la gente, pero no de San José.

4. *San José sabía que el niño salvaría al pueblo de Dios.* Esto también fue revelado al padre adoptivo de Jesús en un sueño. "*Tú eres el que pondrás el nombre del hijo que dará luz. Y lo llamarás Jesús, porque el salvara a su pueblo de sus pecados.*" [5]

5. *San José sabía que su niño tenía una gran misión.* La misión de Jesús fue obvia al momento de Su concepción y después de su nacimiento fue confirmada cuando fue presentado en el templo. Simeón y Ana proclamaron la identidad y la misión del Salvador. [6] San Lucas nos dice que "*su padre y su madre se maravillaron por todo lo que se decía de él.*" [7]

---

[5] Mateo 1:21
[6] Lucas 2:25-38
[7] Lucas 2:33

6. *San José sabía que el niño había venido por todos los pueblos.* Él había llegado no solamente como Salvador del Pueblo Elegido, sino como Simeón dijo, *"luz que se revelará a las naciones."* [8] La palabra "Naciones" implica toda la gente. San José sabía bien que la persona con la quien trabajaba en la carpintería no era un hombre ordinario.

7. *San José sabía que muchos esperaban la venida del Mesías, incluyendo a Herodes.* Cuando los reyes magos vinieron a Herodes buscando al Rey de los Judíos, *"Reunió de inmediato a los sumos sacerdotes y los que enseñaban la Ley al pueblo, y les hizo precisar donde tenía que nacer el Mesías."* [9] Toda Jerusalén anticipaba la venida del Mesías.[10] Un ángel se le apareció a San José en un sueño y le dijo que huyera a Egipto porque Herodes estaba tratando de matar al niño Jesús.[11] ¿Sabía San José que el niño que se le fue entregado a su cuidado era el Mesías? Lo más seguro es que si sabía.

---

[8] Lucas 2:32
[9] Mateo 2:4
[10] Mateo 2:3
[11] Mateo 2:13

8. *San José conocía a Nuestra Señora muy bien. Él era su esposo.* No solamente compartían la vida diaria, sino que también caminaban juntos en fe. Nuestra Señora es la Inmaculada Concepción, el ser humano más lleno de gracia que ha sido creado. Como su esposo, José, hubiera sido la persona con la que Nuestra Santa Madre compartía todas sus alegrías, dolores y todos los pensamientos de su corazón. ¡Imagínate que gran privilegio fue compartir la vida con María!

9. *San José conocía a Jesús muy bien. Él era el hombre más cercano a Jesús.* Como padre terrenal, San José estuvo presente durante el nacimiento de Jesús. Muchas veces el cargaba al niño Dios en sus brazos, junto a su corazón. El proveía comida para aquel quien después alimentaría a las multitudes. Él le ayudó al niño a aprender a caminar y también sobre la carpintería. San José tuvo el privilegio de vivir y trabajar con el salvador del mundo.

10. *San José conocía muy bien las enseñanzas de Nuestro Señor.* Este humilde carpintero aprendió del mismo Maestro. Cuando Jesús

fue hallado en el templo a los doce años de edad, él estaba haciendo muchas preguntas, la cual es una manera muy judía de enseñar. En vez de simplemente decirle las cosas a los estudiantes, este tipo de maestro les hace preguntas a sus estudiantes para abrirles sus mentes y así puedan entender las verdades que él desea impartir. Jesús es el Maestro Divino. El momento en cual Jesús es hallado en el templo indica el comienzo de ministerio de enseñanza de Jesús. Desde los doce años hasta que Jesús empezó su ministerio publico, José y María se sentaron a los pies del maestro y recibieron su divina enseñanza. San José estaba lleno de la sabiduría celestial de nuestro Señor.

¿Entonces que sabía este hombre silencioso? Junto con la santísima virgen María, San José seguramente sabía más sobre el plan de la salvación que cualquier otra persona. Hay mucho contraste de lo que sabía San José y su silencio. Fue ese mismo silencio lo que fue la esencia de su misión.

El silencio fue parte de la misión de este humilde carpintero. No como los discípulos quienes fueron llamados a hacer que todo mundo conozca a Jesús,

San José fue llamado a esconder, velar y proteger a Jesús hasta que su hora llegara. San José tuvo que esconder a Jesús de Herodes quien buscaba matarlo. Durante su niñez, San José mantuvo la identidad de Jesús secreta hasta el día de su manifestación. San José fue muy exitoso en esta misión porque cuando Jesús empezó su ministerio publico muchos se preguntaban: "*¿No es éste el hijo del carpintero?*" [12] Para esta misión Dios escogió y preparó a alguien que pudiera mantener el silencio. Ser silencioso y quitarse la atención de sí mismo era uno de los carismas más importantes de San José. San José es un hombre de silencio.

San José y su misión son prefigurados en el antiguo testamento. El Arca de la Alianza nos da una prefiguración de este gran patriarca. Cuando el pueblo elegido iba saliendo de Egipto hacia la tierra prometida, el Señor le pidió a Moisés que construyera el arca de la alianza. El arca de la alianza era un cofre dorado en donde estaba guardado el bastón de Aarón, las tablas de piedra de los Diez Mandamientos y un frasco donde estaba guardado el mana.[13] En una manera misteriosa, también era el lugar de la presencia de Dios entre

---

[12] Mateo 13:55
[13] Hebreos 9:4

su pueblo. La presencia del Arca de la Alianza prefiguraba a Jesús quien es Emanuel, "*Dios con nosotros.*" [14] El cofre dorado prefiguraba a María, el cofre escogido por Dios que cargaría a Jesús en su seno. Ella es el arca de la Nueva Alianza. El Arca de la Alianza estaba escondida dentro de un velo, escondida de la vista de los hombres en una tienda. ¿Quién es esta tienda? San José. Él fue quien veló y escondió al Mesías hasta que llegó su hora.

¡San José, hombre de silencio ruega por nosotros!

Oración a San José

¡Acuérdate, O castísimo esposo de la Virgen María, dulce protector mío San José que jamás se ha oído decir que ninguno de los que han invocado tu protección e implorado tu auxilio, haya quedado sin consuelo! Animado con esta confianza, vengo a tu presencia y me entrego fervorosamente a tu bondad. No desatiendas mis súplicas, o padre adoptivo del Redentor, antes bien acógelas y dígnate socorrerme con piedad. Amén.

---

[14] Mateo 1:23

Padre nuestro, que estás en el cielo,
santificado sea tu Nombre;
venga a nosotros tu reino;
hágase tu voluntad en la tierra como en el cielo.
Danos hoy nuestro pan de cada día;
perdona nuestras ofensas
como también nosotros perdonamos a los que nos
ofenden;
no nos dejes caer en la tentación,
y líbranos del mal. Amén

Dios te salve María
llena eres de gracia
el Señor es contigo;
bendita tú eres
entre todas las mujeres,
y bendito es el fruto
de tu vientre, Jesús.
Santa María, Madre de Dios,
ruega por nosotros, pecadores,
ahora y en la hora
de nuestra muerte. Amén

Gloria al Padre
y al Hijo
y al Espíritu Santo.
Como era en el principio,

ahora y siempre,
por los siglos de los siglos. Amén.

Día 2

El Padre Adoptivo de Jesús

"Durante la vida oculta en Nazaret, Jesús permanece en el silencio de una existencia ordinaria. Nos permite así entrar en comunión con Él en la santidad de la vida cotidiana, hecha de oración, sencillez, trabajo y amor familiar. La sumisión a María y a José, su padre legal, es imagen de la obediencia filial de Jesús al Padre. María y José, con su fe, acogen el misterio de Jesús, aunque no siempre lo comprendan." [15]
- Compendio del Catecismo de la Iglesia Católica

Ahora veamos la paternidad de San José. ¿Es propio referirse a San José como el padre de Jesús? Hay algunas cosas que debemos considerar. Primero, la

---

[15] Compendio del Catecismo de la Iglesia Católica, Numero 104

genealogía de Jesús es trazada a través de San José.[16] Segundo, San Lucas se refiere a San José como el padre de Jesús: "*Su padre y su madre estaban maravillados por todo lo que se decía del niño.*"[17] Cuando Jesús fue encontrado en el Templo, María se refiere a San José como el padre de Jesús: "*Hijo, ¿por qué nos has hecho esto? Tu padre y yo hemos estado muy angustiados mientras te buscábamos.*"[18] Al mismo tiempo se tiene que apuntar que Jesús es el Hijo de Dios Padre, lo cual Jesús mismo nos indica a la edad de doce años en el Templo. Así que, si San José es el padre de Jesús, pero solamente su padre temporal y con autoridad temporal. Así es como referirse a San José como el padre adoptivo de Jesús es parte de la tradición en la Iglesia.

Es importante reconocer la constante presencia de José como padre. Él estuvo presente durante el nacimiento de nuestro Señor. Con nuestra Señora, él presento a niño Jesús en el Templo. Él busco a Jesús cuando estaba perdido en Jerusalén a los doce años de edad. Como el guardián de María y Jesús, San José cuidaba constantemente de su familia.

---

[16] Mateo 1:17, Lucas 3:23-38
[17] Lucas 2:33
[18] Lucas 2:48

No solamente estuvo presente en esos años de formación, sino que también tuvo el privilegio de compartir años con Jesús ya de adulto. Las escrituras nos indican que Jesús y José trabajaron juntos como carpinteros. Cuando Jesús empezó su ministerio publico, la primera reacción de la gente fue: "*Pero no es más que el carpintero,*" [19] y "*¿No es éste el hijo del carpintero?*" [20] Sabemos que Jesús era un carpintero y parece muy evidente que él aprendió la carpintería de su padre, San José.

San José fue elegido por Dios para ser el recipiente de la honra de Jesús. El cuarto mandamiento dice, "*respeta [honraras] a tu padre y a tu madre*" [21] Ciertamente Jesús, como un fiel judío y como el Hijo de Dios, cumplió este mandamiento perfectamente. Jesús honró a sus padres. Nuestro Señor fue más allá de obedecer la ley al pie de letra, él honró a José de todo corazón. Jesús es aquel quien quiere darse a sí mismo en el amor. Vemos esto en la Eucaristía; nos da su mismísimo corazón, todo su ser, entera y completamente. Así que imagínate a Jesús, Hijo de Dios, la Segunda Persona de la Trinidad, dándose a sí mismo a José y María. Nunca

---

[19] Marcos 6:3
[20] Mateo 13:55
[21] Éxodo 20:12

antes se le había amado y honrado tan perfectamente a unos padres como José y María.

Así como seguimos reflexionando en la paternidad de San José, debemos recordar que todo llamado de Dios es primero y más que nada para estar cerca de Dios. Por ejemplo, cuando Dios llama a un hombre al sacerdocio, el llamado es primero para unirlo con Cristo y después para cumplir con sus deberes sacerdotales. Cuando una persona es llamada a casarse, el llamado es primero para estar cerca de Dios y segundo para estar cerca del esposo o esposa. El llamado de San José no fue solamente una función o un deber; fue una relación. Este humilde carpintero fue llamado a ser un buen padre para Jesús, lo cual requería que tuviera una relación amorosa con nuestro Señor. José fue más que una persona que proveía; fue realmente un padre. A San José se le dio una misión importante, pero más importante es que se le dio una relación.

Como padre, San José tuvo una tarea importante, la formación de la humanidad de Jesús. Jesús, una persona divina con una naturaleza divina, asumió la naturaleza humana y por eso tenía que formar su humanidad. Él necesitaba aprender como caminar, hablar, leer, y como ser un hombre. Como dice la escritura, "*Mientras tanto, Jesús crecía en sabiduría,* en edad y en gracia, ante Dios y ante los hombres."[22] Sabemos que el hombre que fue elegido para la grande tarea de formar a Jesús fue San José. No solamente fue elegido, sino que también fue preparado para esta tarea. Así como Dios escogió a la santísima virgen María para ser la madre del Señor Jesús, también Dios escogió y preparó a José. En Jeremías vemos, *"Antes de formarte en el seno de tu madre, ya te conocía; antes de que tú nacieras, yo te consagré, y te destiné a ser profeta de las naciones."* [23] Así también, San José fue consagrado y destinado desde el vientre. Jesús hubiera hablado así como San José y hubiera trabajado como San José en la carpintería. Jesús hubiera tenido algunos de los gestos y rasgos de personalidad de San José. San José fue el modelo de virilidad para Jesús. Nuestro Señor amaba mucho a su padre terrenal y aprendió de él.

Jesús en su humanidad fue como José. Jesús en su divinidad es uno con el Padre. La misión de Jesús era revelar al Padre y hacerlo conocer. Él dice, *"El que me ve a mí ve al Padre."* [24] Jesús usa una analogía de un hijo aprendiendo de su padre. *"Mi*

---

[22] Lucas 2:52
[23] Jeremías 1:5
[24] Juan 14:9

Padre sigue trabajando, y yo también trabajo... El Hijo no puede hacer nada por su cuenta, sino sólo lo que ve hacer al Padre. Todo lo que haga éste, lo hace también el Hijo. El Padre ama al Hijo y le enseña todo lo que él hace." [25] Jesús quien era un carpintero estaba muy familiarizado con la carpintería y como se aprendía y pasaba este comercio de padre a hijo. Estoy seguro que él estaba pensando en su padre adoptivo y uso esta imagen para describir su relación con su Padre Celestial. San José reflejaba la paternidad de Dios conforme él amaba a Jesús y le enseñaba todo lo que sabía.

Como nuestra Señora, San José fue dócil a la voluntad de Dios. El cimiento de su paternidad fue un espíritu de profunda pobreza y una entrega radical. La grandeza de José fue en vaciarse a sí mismo para que Dios pudiera trabajar a través de él. José conocía la paternidad de Dios Padre. De esta manera, este humilde carpintero se hizo un modelo digno de paternidad para el salvador del mundo.

¡San José, Padre Adoptivo del Hijo de Dios, ruega por nosotros!

---

[25] Juan 5:17, 19-20

Oración a San José

¡Acuérdate, O castísimo esposo de la Virgen María, dulce protector mío San José que jamás se ha oído decir que ninguno de los que han invocado tu protección e implorado tu auxilio, haya quedado sin consuelo! Animado con esta confianza, vengo a tu presencia y me entrego fervorosamente a tu bondad. No desatiendas mis súplicas, o padre adoptivo del Redentor, antes bien acógelas y dígnate socorrerme con piedad. Amén.

Padre Nuestro...

Dios te salve María...

Gloria al Padre...

Día 3

La Prueba y Anunciación de San José

"María y José trajeron a sus esponsales no solamente sus votos de virginidad sino también sus dos corazones, los cuales tenían los torrentes de amor más grandes que jamás había tenido ningún otro pecho humano. Ningún esposo y esposa jamás se habían amado tanto como José y María." [26]
- Obispo Fulton J. Sheen

La santísima virgen María fue visitada por un ángel y fue invitada a decirle "si" al plan de Dios. Esta fue la anunciación de nuestra Señora. Parecidamente, San José fue visitado por un ángel y se le pidió su aprobación para ser el padre adoptivo de Jesús y el esposo de María. A esto se le puede referir como la

---

[26] Arzobispo Fulton Sheen, The World's First Love, Capítulo 7

anunciación de José. En el evangelio de Mateo escuchamos:

"Este fue el principio de Jesucristo: María, su madre, estaba comprometida con José; pero antes de que vivieran juntos, quedó embarazada por obra del Espíritu Santo. Su esposo, José, pensó despedirla, pero como era un hombre bueno, quiso actuar discretamente para no difamarla. Mientras lo estaba pensando, el Ángel del Señor se le apareció en sueños y le dijo: 'José, descendiente de David, no tengas miedo de llevarte a María, tu esposa, a tu casa; si bien está esperando por obra del Espíritu Santo, tú eres el que pondrás el nombre al hijo que dará a luz. Y lo llamarás Jesús, porque él salvará a su pueblo de sus pecados.' [...] Cuando José se despertó, hizo lo que el Ángel del Señor le había ordenado y tomó consigo a su esposa." [27]

En la letanía de San José, una de las invocaciones es "José Obediente." Una de las escrituras nos apunta que José tenía una obediencia inmediata e incondicional es su respuesta en su anunciación. *"Cuando José se despertó, hizo lo que el Ángel del Señor le había ordenado y tomó consigo a su*

---

[27] Mateo 1:18-21, 24

esposa." [28] José siempre respondió a los mandatos de Dios con obediencia perfecta. Él simplemente hizo lo que el Señor le ordeno.

Algunos tal vez cuestionen la obediencia de San José al apuntar que él parecía estar listo para divorciarse de María cuando se entera que ella está embarazada. Ésta difícil situación se le refiere como la prueba de San José. Durante su prueba, José pasó por la difícil experiencia de no entender lo que Dios estaba haciendo. Hasta su anunciación, José fue dejado en la obscuridad y tuvo que esperar a que el Señor le revelara el misterio que estaba pasando a través de María. Ésta prueba fue necesaria en el plan de Dios, y José no fallo en su obediencia durante toda esta prueba.

Un aspecto de la prueba de José hubiera sido su inhabilidad de comprender el embarazo de una mujer con una integridad incuestionable. Tal vez José, más que nadie, conocía la santidad incomparable de nuestra Señora. Como católicos, nosotros entendemos que nuestra Señora es la Inmaculada Concepción, concebida sin pecado original. La anunciación de José le clarificó el profundo misterio de la santísima virgen María.

---

[28] Mateo 1:24

La prueba de José es un ejemplo de que tan difícil puede ser esperar el tiempo del Señor. A veces el Señor no nos revela inmediatamente el camino que debemos tomar; el Señor simplemente nos pide que esperemos y confiemos. San José no hubiera tomado a María para ser su esposa y asumir el cuidado del niño si él no hubiera estado seguro que esa era la voluntad de Dios. Después de que José tomó la decisión de divorciarse de María, pero antes de llevarlo a cabo, el evangelio nos dice que él pasó tiempo "pensando." Podemos estar seguros que ese "pensando" de éste hombre justo había sido inmerso en profunda oración. Y es durante este tiempo pensando y considerando que el ángel del Señor viene a José en un sueño. Con esta anunciación, José recibió paz y claridad, la cual le permitió proceder. Él inmediatamente actúo y se llevó a María a su casa.

Otro aspecto de la prueba de San José fue su miedo de tomar a María como su esposa. El ángel que se le aparece le dice específicamente: "*no tengas miedo de llevarte a María, tu esposa.*" [29]   El temor con el cual José está batallando es un temor santo, el cual es diferente al de estar asustado o de no tener fe. José era un hombre de valor. Él tenía

---

[29] Mateo 1:20

miedo porque entendió que no podía tomar ninguna decisión sin estar seguro de que era la voluntad de Dios. Como los hebreos, quienes fueron guiados a través del desierto por una nube y fuego, José no procedería al menos de que el Señor lo fuera guiando. Años después, este temor santo guiaría a José a mudarse a Nazaret y al hacerlo cumplir con lo que decían las escrituras.[30]

Algunos de los primeros padres de la iglesia han sugerido que la razón porque José se tardó en tomar a María como su esposa fue porque él no quería ser presuntuoso. José, modelo de humildad, no hubiera asumido que iba ser el padre adoptivo del santo niño al menos de que Dios lo invitara a serlo. Tal vez, José también percibió la presencia de Dios en María así como lo hizo Elizabeth. Cuando María visito a su prima, Elizabeth, apenas llegando y escuchando la voz de María, Elizabeth proclamo: "*¿Cómo he merecido yo que venga a mí la madre de mi Señor?*" [31] Pedro también se sintió indigno de estar en la presencia del Señor. Cuando conoció a Jesús le dijo: "*Señor, apártate de mí, que soy un hombre pecador.*" [32] Muchos santos y místicos creyeron que José, en su humildad, no asumiría ser

---

[30] Mateo 2:22-23
[31] Lucas 1:43
[32] Lucas 5:8

el padre adoptivo del Hijo de Dios al menos de que Dios le digiera específicamente que lo hiciera. Y es claro que Dios se le dijo.

En la prueba de José, también vemos el tiempo perfecto de Dios. Jesús fue concebido durante el tiempo de los esponsales. En el tiempo de Jesús, casarse era un proceso de tres etapas según la costumbre judía. La primera etapa era lo que nosotros le llamamos el compromiso. La segunda etapa era el tiempo de los esponsales en la cual la pareja ya estaba legalmente casada pero aun no vivían juntos. Durante este tiempo el esposo hubiera preparado una casa para él y su esposa. Sabemos que María estaba legalmente casada con José porque el ángel se refiere a María como la esposa de José.[33] Finalmente, en la tercera etapa del matrimonio, el esposo se lleva a su esposa a su casa. Fue en ese "tiempo intermedio" de esponsales que Jesús fue concebido en el vientre de María por el Espíritu Santo. *"María, su madre, estaba comprometida con José; pero antes de que vivieran juntos, quedó embarazada por obra del Espíritu Santo."* [34]

---

[33] Mateo 1:20
[34] Mateo 1:18

Esta concepción durante el tiempo de esponsales fue en el tiempo perfecto y también la anunciación de José. El hecho de que José pensó en divorciarse de María secretamente hizo obvio que José no era el padre natural de Jesús. Esto es evidencia suficiente para saber que José no tuvo parte en la concepción de Jesús. Puede ser que el pensamiento de José de divorciarse de María fue necesario y que Dios esperó a José a tomar esta decisión antes de invitarlo a descubrir el misterio de la salvación. Si Jesús hubiera sido concebido después de que María y José estuvieran juntos los escépticos fácilmente hubieran dudado sobre la verdad de la encarnación de Jesús. Si Jesús hubiera sido concebido antes del compromiso Jesús hubiera sido concebido fuera del matrimonio. Dios quiso que Jesús fuera concebido en el contexto del matrimonio y a una pareja casada según la ley de Dios. Cuando Jesús fue concebido, María y José estaban legalmente casados. El tiempo de Dios no pudo ser mejor. Dios se aseguró que Jesús fuera considerado el hijo de María y José. La escritura nos dice que cuando una pareja se casa entonces son uno. Entonces podríamos decir que cuando Jesús fue concebido en el vientre de la santísima madre fue dado no a una persona sino a una pareja, a María y José.

En verdad José fue llamado por Dios a ser el esposo de María y el padre adoptivo de Jesús. Fue un verdadero matrimonio hecho en el cielo, confirmado por los mismos ángeles de Dios. Hasta el matrimonio más perfecto tiene que pasar por tiempos de pruebas e incertidumbre, dándonos a todos la confianza de que Dios siempre está con nosotros, misteriosamente cumpliendo sus propósitos.

¡San José, Esposo de la Madre de Dios, ruega por nosotros!

Oración a San José

¡Acuérdate, O castísimo esposo de la Virgen María, dulce protector mío San José que jamás se ha oído decir que ninguno de los que han invocado tu protección e implorado tu auxilio, haya quedado sin consuelo! Animado con esta confianza, vengo a tu presencia y me entrego fervorosamente a tu bondad. No desatiendas mis súplicas, o padre adoptivo del Redentor, antes bien acógelas y dígnate socorrerme con piedad. Amén.

Padre Nuestro...

Dios te salve María...

Gloria al Padre...

Día 4

Patrón de los Contemplativos

"Su silencio estaba impregnado de contemplación del misterio de Dios, con una actitud de total disponibilidad a la voluntad divina. En otras palabras, el silencio de san José no manifiesta un vacío interior, sino, al contrario, la plenitud de fe que lleva en su corazón y que guía todos sus pensamientos y todos sus actos. Un silencio gracias al cual san José, al unísono con María, guarda la palabra de Dios, conocida a través de las sagradas Escrituras, confrontándola continuamente con los acontecimientos de la vida de Jesús; un silencio entretejido de oración constante, oración de bendición del Señor, de adoración de su santísima voluntad y de confianza sin reservas en su providencia. No se exagera si se piensa que, precisamente de su "padre" José, Jesús aprendió, en el plano humano, la fuerte

interioridad que es presupuesto de la auténtica justicia... Dejémonos "contagiar" por el silencio de san José. Nos es muy necesario, en un mundo a menudo demasiado ruidoso, que no favorece el recogimiento y la escucha de la voz de Dios.[35] - Papa Benedicto XVI, Ángelus

Como un hombre de silencio, San José es uno de los grandes patrones de la vida contemplativa. Una vida contemplativa es caracterizada por estar escondido, en silencio, y comunión interior con Dios. En la Iglesia hay muchas órdenes religiosas que son contemplativas como las carmelitas, trapenses, y los cartujos. Estos hombres y mujeres consagrados modelan algo que todos estamos llamados a hacer. Cada vida de un cristiano tiene que tener una dimensión contemplativa. El espíritu contemplativo de San José fue vivido en una manera particular durante sus años escondidos en Nazaret. Jesús, María y José vivieron una vida simple y ordinaria como familia y al mismo tiempo siempre adorando a Dios. Los contemplativos entienden a San José y lo consideran como uno de ellos. Hay muchas cosas

---

[35] Papa Benedicto XVI, Ángelus, 18 de Diciembre del 2005, Libreria Editrice Vaticana

que los contemplativos tienen en común con San José.

Una de las características de la vida contemplativa es el silencio. El silencio es una cosa hermosa para quienes han podido entrar a su misterio. El silencio no debe de ser visto como la falta de algo, sino más bien como una postura de apertura y receptividad a la presencia divina. Un contemplativo es alguien que está acostumbrado y agusto con el silencio. El silencio sagrado es una de las delicias de la vida contemplativa. En toda la escritura, San José no dice ni una sola palabra. Él era un hombre de silencio.

Otra característica de los contemplativos es que ellos no buscan la atención del mundo. José, aunque era un gran hombre, vivió una vida humilde. No ganó ninguna batalla militar, no se opuso en contra de algún falso profeta o convirtió multitudes. Él trabajó como un carpintero y fue fiel como hombre de familia. José tuvo una vida escondida. Los contemplativos no buscan que los demás los estimen sino más bien buscan el favor de Dios.

El trabajo también es una parte esencial de la vida contemplativa. Los días de San José fueron gastados trabajando como carpintero. Dios pudo haber escogido a un hombre rico con muchos sirvientes para ser el padre adoptivo de su Hijo, pero en vez de eso escogió a un humilde carpintero que tenía callos en las manos. El día de una persona contemplativa está lleno de trabajo. Debemos de disfrutar el tiempo de descanso pero no estar sin hacer nada. Nuestro tiempo debe ser gastado estratégicamente hasta cuando estamos descansando y relajándonos.

Como consecuencia de la caída, Adán tuvo que trabajar con el sudor de su frente.[36] Cada castigo de Dios es correctivo; siempre es como una medicina que cura. El trabajo está hecho para restaurar nuestras almas. Para que el trabajo sea bueno y de sanación se le debe dar su lugar propio. Esto es algo que los contemplativos nos modelan. Los contemplativos siempre trabajan a un ritmo disfrutable. No tienen la obsesión frenética que es tan común en el mundo del trabajo, tratando de subir la escalera ambiciosamente y triunfar a todo costo no tiene lugar alguno en la vida contemplativa. Los contemplativos siempre trabajan con cierta paz interior y con un desapego que los deja siempre tener sus corazones puestos en Dios.

---

[36] Génesis 3:19

Los contemplativos viven una vida simple. La familia de José era libre de las riquezas del mundo. Como un carpintero, José podía mantener a su familia. Él no vivió la pobreza extrema que vemos en algunas partes del mundo debido a la injusticia. José vivió la vida simple de un carpintero rural. Siempre tenía lo que necesitaba y no quería nada más. En vez de enfocarse en las cosas del mundo él enfocó su vida en los verdaderos tesoros de su casa: Jesús y María. La familia de Nazaret no era apegada a las riquezas del mundo. Sus corazones estaban siempre en las cosas del cielo, donde esta nuestro verdadero y eterno tesoro.

Una manera de cómo San José mostró el amor hacia nuestra Señora fue al honrar su consagración total a Dios. La Iglesia enseña que María es la virgen perpetua, ella es virgen antes, durante y después del parto. Aunque José tenía a María como esposa, él vivió una vida de continencia sexual.

El matrimonio y la unión sexual son parte del plan de Dios para la humanidad. Su primer mandamiento fue: *"Sean fecundos y multiplíquense."* [37] La sexualidad es un regalo de Dios y un gran bien. Sin embargo, San José reconoció que honrar la

---

[37] Génesis 1:28

consagración total de María a través de la continencia sexual era un bien todavía más grande.

Similarmente, aquellos quienes viven la vida consagrada abandonan el bien de la intimidad sexual por el Reino de los Cielos.[38] Por ejemplo, el Catecismo dice que las mujeres consagradas son "llamadas por el Señor para consagrarse a Él enteramente con una libertad mayor de corazón, de cuerpo y de espíritu." [39] Cada uno de nosotros estamos llamados a vivir la castidad según nuestro estado de vida. Aunque ese llamado puede tomar forma de muchas maneras diferentes, siempre requiere de algún grado de sacrificio, del cual San José es nuestro modelo.

Otra marca de la vida contemplativa es la cual los primeros padres de la iglesia llamaban la "sobria intoxicación del Espíritu." El contemplativo bebe profundamente de las aguas vivas, de las cuales Jesús prometió darnos. *"El agua que yo le daré se convertirá en él en un chorro que salta hasta la vida eterna."* [40] Hay un deleite sublime, una intoxicación que viene de vaciarse de uno mismo para llenarse de Dios. San José es un modelo de lo que es

---

[38] Mateo 19:12
[39] Catecismo de la Iglesia Católica, párrafo 922
[40] Juan 4:14

vaciarse completamente. Él no vivió para sí mismo. Su vida fue totalmente dada a la voluntad de Dios, la cual era servir a Jesús y María. El gozo es un don sobrenatural de Dios. La manera de abrir las puertas y llenarnos de este gozo es haciendo la voluntad de Dios. A la medida de que hagamos la voluntad de Dios, un misterioso fluir comienza a pasar por lo más profundo de nuestro ser. Este es el Espíritu de Dios viviendo y moviéndose dentro de nosotros. La vida en Nazaret, aunque simple y silenciosa, fue un deleite sublime. María y José lo hubieran podido decir con el salmista: rellenas mi copa.[41]

¡San José, modelos de los contemplativos, ruega por nosotros!

Oración a San José

¡Acuérdate, O castísimo esposo de la Virgen María, dulce protector mío San José que jamás se ha oído decir que ninguno de los que han invocado tu protección e implorado tu auxilio, haya quedado sin consuelo! Animado con esta confianza, vengo a tu

---

[41] Salmo 23:5

presencia y me entrego fervorosamente a tu bondad. No desatiendas mis súplicas, o padre adoptivo del Redentor, antes bien acógelas y dígnate socorrerme con piedad. Amén.

Padre Nuestro...

Dios te salve María...

Gloria al Padre...

Día 5

San José y José el Patriarca

"¡Vayan a San José!" - San Andrés Bessette
(ver Génesis 41:55)

El patriarca José en muchas maneras prefigura a San José, el padre adoptivo de Jesús.[42] Probablemente no es coincidencia que estos dos hombres tengan el mismo nombre. En este capítulo, veremos la historia del patriarca José y destacaremos algunos paralelos entre estos dos gran hombres.

El patriarca José fue el onceavo hijo de Jacob. Jacob fue el hijo de Isaac, quien era hijo de Abraham. La escritura se refiere a Jacob como Israel por que Dios le cambio el nombre de Jacob a Israel. *"Dios se apareció de nuevo a Jacob cuando regresaba de Padán-Aram y lo bendijo, diciendo: 'Tu nombre es*

---

[42] El patriarca José es una prefigure del Señor Jesús, lo cual es un estudio fascinante que está más allá de este libro.

Jacob, pero desde ahora no te llamarás más Jacob, sino que tu nombre será Israel.'" [43]

José era el hijo preferido de su padre, lo cual causaba envidia entre sus hermanos. *"Israel quería a José más que a sus otros hijos, pues le había nacido en su ancianidad; incluso le había hecho una túnica con mangas. Sus hermanos, viendo que su padre le prefería a sus otros hijos, comenzaron a odiarlo hasta tal punto que no podían conversar con él."* [44]

José el patriarca fue un soñador. Un día, él tuvo un sueño el cual compartió con sus hermanos. *"Miren, les dijo, el sueño que he tenido. Estábamos nosotros atando gavillas en medio del campo, cuando sucedió que mi gavilla se levantaba y permanecía derecha. Entonces las gavillas de ustedes la rodearon y se postraron ante la mía."* [45] A los hermanos no les pareció agradable el sueño ya que ellos lo vieron como si él fuera a gobernar sobre ellos. Este era el significado más obvio de su sueño.

---

[43] Génesis 35:10
[44] Génesis 37:3-4
[45] Génesis 37:6-7

Luego José tuvo otro sueño. "*Tuvo José todavía otro sueño, y también se lo contó a sus hermanos: 'Tuve otro sueño; esta vez el sol, la luna y once estrellas se inclinaban ante mí.'*" [46] Esto también molesto a sus hermanos. Hasta su propio padre reacciono: "*Su padre, que también lo escuchaba, lo reprendió y le dijo: '¿Qué sueño es ese que has tenido? ¿Acaso yo, tu madre y tus hermanos tendremos que inclinarnos ante ti?*" [47]

El patriarca José tuvo sueños que perturbaron a su padre y a sus hermanos pero esos sueños seguían siendo de Dios. Así mismo, San José tuvo la bendición de tener sueños que lo guiaban según los propósitos de Dios. Fue a través de sueños como a San José se le pidió que fuera el esposo de María, huyera a Egipto y después regresara a Israel. ¡Los dos José eran soñadores!

La historia de nuestro patriarca continúa. Un día Israel mando a José a ver a sus hermanos quienes estaban pastoreando el rebaño en los pastos de Siquem. Cuando vieron a José aproximándose se dijeron a sí mismos: "*Allí viene el soñador. Este es el momento: matémoslo y echémoslo en un pozo*

---

[46] Génesis 37:9
[47] Génesis 37:10

cualquiera, y diremos que algún animal feroz lo devoró. ¡Ahí vamos a ver en qué quedan sus sueños!" [48] Después ellos vieron a unos comerciantes que estaban pasando por ahí en camino a Egipto y mejor decidieron vender a José como esclavo. Vendieron a José a unos comerciantes egipcios por veinte monedas de plata. Aquí vemos otra similitud entre los dos, el Patriarca José y San José fueron exiliados a Egipto. Siglos después de que el Patriarca José fuera desterrado, San José tuvo que huir a Egipto para escapar de Herodes quien estaba tratando de matar a Jesús

En Egipto, nuestro patriarca José fue vendido como esclavo a un egipcio. El egipcio inmediatamente vio que José era un hombre muy responsable. *"El egipcio vio que Yavé estaba con José y hacía prosperar todo cuanto emprendía; José le cayó en gracia a su amo, quien lo retuvo junto a él, lo hizo mayordomo de su casa y le confió todo cuanto tenía. Desde ese momento, Yavé bendijo la casa del egipcio, en consideración a José. Dio prosperidad tanto a la casa como al campo. En vista de esto, el egipcio dejó que José administrara todo cuanto poseía, y ya no se preocupó más que de su propia*

---

[48] Génesis 37:19-20

comida." [49] José cumplió con todas sus responsabilidades tan bien que su amo lo puso a cargo de todo lo que tenía.

Todo iba bien pero luego cambiaron las cosas. Las escrituras nos dicen que: "*José era muy varonil y de buena presencia. Algún tiempo después, la esposa de su amo puso sus ojos en él, y le dijo: 'Acuéstate conmigo.'*" [50] La esposa del amo tenía cierta atracción a José y lo trato de seducir. Sin embargo, José era un hombre justo que tenía temor de Dios y rechazo la seducción. Él le respondió: "*¿Cómo, pues, voy a cometer un mal tan grande, y pecar contra Dios?*" [51] Finalmente ella trato de forzársele a José y él se escapó de ahí, pero ella se quedó con un pedazo de su ropa y gritó. Ella mintió y dijo que José la estaba forzando a acostarse con él. José fue inmediatamente encarcelado. A través de esta prueba, José demostró gran integridad, pureza, y la voluntad de no ofender a Dios. Así mismo, San José es modelo de pureza a su amor casto hacia la Siempre Virgen María. Ambos hombres son grandes modelos de una virtud inquebrantable.

---

[49] Génesis 39:3-6
[50] Génesis 39:6-7
[51] Génesis 39:9

En la cárcel, los dones de José se hicieron muy visibles. La escritura nos dice: "*Pero Yavé lo asistió y fue muy bueno con él; hizo que cayera en gracia al jefe de la prisión. Este le confió el cuidado de todos los que estaban en la prisión, y todo lo que se hacía en la prisión, José lo dirigía. El jefe de la cárcel no controlaba absolutamente nada de cuanto administraba José, pues decía: 'Yavé está con él y hace que le vaya bien en todo.'* " [52] Por segunda vez, José fue puesto a cargo de todo.

Faraón estaba enojado con su preparador de bebidas y su panadero principal y los mandó a la cárcel. En la cárcel, José se dio cuenta que algo estaba mal con ellos y les pregunto qué pasó. Le dijeron que habían tenido unos sueños y no sabían cómo interpretarlos. José les interpreto los sueños y le dijo al que preparaba las bebidas que en tres días estará de nuevo sirviéndole vino a Faraón pero le dijo al panadero que Faraón lo mandaría matar en tres días. Como lo predijo José, en tres días el que preparaba las bebidas estaba sirviéndole vino a Faraón y el panadero fue mandado a ahorcar por Faraón. José le dijo al que preparaba las bebidas que se acordara de él cuándo estuviera de regreso

---

[52] Génesis 39:21-23

en el servicio de Faraón y que lo ayudara a salir de la cárcel.

El que le servía bebidas a Faraón se olvidó de José hasta que dos años después cuando Faraón tuvo el sueño de las siete vacas gordas y las siete vacas flacas. Cuando nadie podía interpretar el sueño de Faraón el preparador de bebidas se acordó de José. Él le dijo a Faraón sobre José y Faraón mando traer a José. José le dijo a Faraón que su sueño predecía un tiempo de hambre que llegaría. José le recomendó que hacer para prepararse. Faraón le dijo a José: *"Puesto que Dios te ha hecho saber todo esto, no hay hombre más inteligente ni sabio que tú. Tú estarás al frente de toda mi casa, y todo mi pueblo obedecerá tus órdenes. Solamente yo estaré por encima de ti."* [53] Por tercera vez, José fue puesto a cargo de todo, y esta vez fue puesto a cargo de todo el reino.

Tres veces José subió de la pérdida total a ser la persona encargada de todo. Fue de la esclavitud a ser el jefe de la casa, de estar en la cárcel a estar encargado de la cárcel y de estar encarcelado a estar a cargo del reino. ¡Asombroso! Claramente el Señor estaba con José.

---

[53] Génesis 41:39-40

Así como el patriarca José se encontró siempre a cargo de la casa de Faraón igual San José se encontró a cargo de la casa donde vivía el Señor Jesús. En la letanía invocamos a San José como el Jefe de la Sagrada Familia. También, en la liturgia de la Iglesia en el día de San José el prefacio le da gracias a Dios por San José como: "el servidor fiel y prudente custodio de la Sagrada Familia." [54] Dios le confío a Jesús su hijo amado y María la Santísima Virgen a San José porque sabía que bajo su custodia todo iba salir bien. El Hijo estaría bien cuidado, protegido, refugiado, bien educado y bien alimentado.

Gracias a que José interpretó correctamente el sueño de Faraón, el reino se preparó para el tiempo de hambre. Como se les iba acabando la comida a las naciones que estaban alrededor, venían a Egipto esperando recibir el pan que José distribuía. Un día, los hermanos de José vinieron y se arrodillaron ante él, buscando pan. Las escrituras nos dicen, *"José, pues, había reconocido a sus hermanos, pero no ellos a él... Y se acordó José de los sueños que había tenido con respecto a ellos."* [55] José les da pan, les dice quién es y los perdona. Al proveer pan

---

[54] Prefacio de la Misa de San José, el 19 de Marzo (en EEUU)
[55] Genesis 42:8-9

para sus hermanos, José salvó la vida de su familia. Y así, igual que José el patriarca proveyó para su familia, San José también proveyó el pan para Jesús, el Hijo de Dios. El humilde carpintero de Nazaret tuvo el privilegio de alimentar aquel quien un día proclamaría: *"Yo soy el pan vivo que ha bajado del cielo."* [56]

Finalmente, las escrituras no mencionan que José el patriarca haya cometido alguna falta. El sale como un verdadero hombre justo. Igualmente, en los Evangelios, San José, el padre adoptivo de Jesús, es fiel. Él es el hombre que sin pensar en sí mismo obedece cada uno de los mandatos de Dios. Dios Padre escogió a la mujer perfecta para ser la madre de Jesús y también escogió a un hombre santo y fiel para que fuera su padre. Nos acordamos de San José cuando el Señor nos dice: *"Imagínense a un administrador digno de confianza y capaz. Su señor lo ha puesto al frente de sus sirvientes y es él quien les repartirá a su debido tiempo la ración de trigo. Afortunado ese servidor si al llegar su señor lo encuentra cumpliendo su deber. En verdad les digo que le encomendará el cuidado de todo lo que tiene."* [57]

---

[56] Juan 6:51
[57] Lucas 12:42-44

¡San José, Luz de los Patriarcas, ruega por nosotros!

Oración a San José

¡Acuérdate, O castísimo esposo de la Virgen María, dulce protector mío San José que jamás se ha oído decir que ninguno de los que han invocado tu protección e implorado tu auxilio, haya quedado sin consuelo! Animado con esta confianza, vengo a tu presencia y me entrego fervorosamente a tu bondad. No desatiendas mis súplicas, o padre adoptivo del Redentor, antes bien acógelas y dígnate socorrerme con piedad. Amén.

Padre Nuestro...

Dios te salve María...

Gloria al Padre...

Día 6

Gloria de la Vida Doméstica

"Yo quiero mucho a San José porque él tuvo el cuidado de la Santísima Virgen." [58]
- San Juan Vianey

Una de las cosas que hacen fácil identificarse con San José es el hecho que él era un hombre de familia. En la letanía de San José, lo invocamos por el nombre de Custodio de la Sagrada Familia, Esposo de la Madre de Dios, Gloria de la Vida Doméstica y Sostén de las Familias.

San José estaba casado con la Santísima Virgen María. Como católicos, nosotros entendemos la importancia de tener una devoción a Nuestra Señora. Después de Jesús, no hay nadie que haya sido más devoto a María que su esposo, José. Imagínate el amor que José le tenía a su esposa.

---

[58] Saint John Vianney, Notre-Dame d'Ars, Meditation 6; Tan, *Thoughts of the Curé d'Ars*

Piensa que tan bien él conocía a la Santísima Virgen María. Él es quien cuidó y proveyó por ella. Nuestra Señora es la Inmaculada Concepción. Ella fue concebida sin pecado. María está en su propia categoría. Sin embargo, en el matrimonio se comparten los bienes. Los esposos comparten los bienes materiales, bienes espirituales y también el don de sí mismos. José y María eran compatibles hasta cierto nivel, incluso espiritualmente. Caminaron juntos en la fe. La familia de José era verdaderamente una familia santa.

Como marido y mujer, María y José hicieron la vida sagrada familiar en Nazaret, la primera y más perfecta comunidad cristiana. Aunque escondida, la vida de la Sagrada Familia siempre ha sido un modelo y una inspiración para los cristianos. Reflexionemos en como hubiera sido la Sagrada Familia.

La familia de Nazaret era una de gran amor. Dios es amor. Porque Jesús es Dios hecho hombre, su Sagrado Corazón arde con amor infinito. El corazón de Jesús es una fuente inagotable de amor, un océano de amor. El amor siempre se quiere dar de sí mismo. ¿Te imaginas el amor que Jesús ha de haber derramado en su familia? ¡María y José tuvieron la gran bendición de ser los recipientes del amor de Jesús! José no solamente compartió su vida con el Señor del amor pero también con nuestra Santísima Madre. El Inmaculado Corazón de María estaba totalmente unido a Dios. Su corazón también se desbordaba de amor. José era parte de esta comunión de amor. Se dice que el amor entre Jesús, María y José es un reflejo terrenal de la Santísima Trinidad. El gran amor en este hogar era la cosa más cerca al cielo en la tierra.

Jesús amó a las personas con una hermosa ternura. Él era un hombre que no tenía miedo de enseñar afecto. A veces pensamos que las personas religiosas son frías, duras y rígidas. Jesús no era de ninguna de esas formas de ser. Él era una persona que tocaba a la gente, incluyendo a los pecadores. Le gustaba atraer a los niños a sí mismo para bendecirlos. Compartió comida con la gente y disfrutaba su compañía. La gente se le acercaba. También era un hombre que lloró, no tenía miedo de mostrar emociones. Nuestro Señor era un hombre ariñoso. Entonces cuando pensamos en como Jesús, María y José se relacionaban, podemos imaginar que lo hubieran hecho con mucha ternura. Nazaret no solamente era un lugar de amor, era un lugar de un amor tierno y afectuoso.

El hogar en Nazaret también hubiera sido un lugar de oración y de estudio de la Sagrada Escritura. Sabemos que Jesús sabía leer, él podía leer y escribir. El Evangelio de San Lucas nos dice que Jesús leía en la sinagoga, como se hacía en esos tiempos.[59] No hay duda alguna que Jesús conocía las escrituras. Los judíos fieles se dedicaban a aprender, estudiar, memorizarse, y meditar la Escritura continuamente. El Salmo 1 dice: *"Dichoso el hombre que no va a reuniones de malvados, ni sigue el camino de los pecadores ni se sienta en la junta de burlones, más le agrada la Ley del Señor y medita su Ley de noche y día."* [60] Los Padres de la Iglesia enseñaban que este Salmo se refería primeramente del Señor Jesús. Él es el hombre santo que meditaba las escrituras día y noche. El hogar en Nazaret era un lugar donde se estudiaba meditando la ley de Dios.

Sin embargo, eso no significa que la vida familiar en Nazaret era siempre seria y solemne. Muchos de nosotros podríamos pensar que la vida de la Sagrada Familia fue aburrida y apagada, imaginando que todo era oración formal, devoción piadosa estando desconectados del mundo que los

---

[59] Lucas 4:16
[60] Salmo 1:1-2

rodeaba. Esto no es el caso. ¿Alguna vez te has dado cuenta que cuando conoces a una persona muy santa su vida es muy interesante, creativa y nunca predecible? En la vida de los santos encontramos que ellos son muy originales y creativos no como la gente del mundo. Jesús dijo, "*Yo he venido para que tengan vida y la tengan en plenitud.*" [61] En la Sagrada Familia había una gran abundancia de vida.

El hogar en Nazaret era también un lugar de alegría. La vida es un regalo de Dios. Como hijos de Dios, estamos llamados a vivir bajo la bendición de Dios y reconocer que estamos muy bendecidos. Tenemos una razón para regocijarnos. El salmista proclama, "*¡Este es el día que ha hecho el Señor, gocemos y alegrémonos en él!*" [62] El hogar en Nazaret hubiera sido un lugar donde la simpleza de la vida ordinaria se disfrutaba. Hubieran podido disfrutar el don del momento presente. Hubieran servido al Señor con gusto.

La vida familiar es para ser disfrutada. Jesús, María, y José reflejaban el amor mutuo de la Santísima Trinidad. Nuestras familias también deberían ser

---

[61] Juan 10:10
[62] Salmo 118:24

una probadita del Cielo. Nuestras familias deberían ser donde nos pudiéramos entregar unos a los otros en el amor. La vida familiar a veces puede ser difícil, pero si perseveramos en nuestra búsqueda de Dios, siendo fieles a Él, nos encontraremos muy satisfechos y plenos.

Una vida plena es encontrada en que uno sea fiel a su deber y vocación. Desafortunadamente, mucha gente ve la vida familiar como una carga. Pero si viviéramos apropiadamente la vida familiar hasta se convierte en una fuente de vida. Dios así la hizo. Un hombre verdadero, un hombre de Dios, encuentra la vida familiar muy satisfactoria. San José es la Gloria de la Vida Doméstica y el Sostén de las Familias. Dios lo escogió como modelo de masculinidad, paternidad, y de la vida familiar para Su Hijo y también como modelo para nosotros. Pidámosle que ore por nosotros para que también encontremos el deleite de la vida familiar.

¡San José, Sostén de las Familias, ruega por nosotros!

Oración a San José

¡Acuérdate, O castísimo esposo de la Virgen María, dulce protector mío San José que jamás se ha oído decir que ninguno de los que han invocado tu protección e implorado tu auxilio, haya quedado sin consuelo! Animado con esta confianza, vengo a tu presencia y me entrego fervorosamente a tu bondad. No desatiendas mis súplicas, o padre adoptivo del Redentor, antes bien acógelas y dígnate socorrerme con piedad. Amén.

Padre Nuestro...

Dios te salve María...

Gloria al Padre...

Día 7

Celoso Defensor de Cristo

"San José fue un hombre justo, un trabajador sin cansancio, el guardián recto para aquellos que se encomiendan a su cuidado. Que siempre guarde, proteja, e ilumine a nuestras familias." - Papa San Juan Pablo II

Hoy veamos la historia de la huida a Egipto y de las cualidades de José que nos revela. También vamos a reflexionar en algunos de los títulos de San José: Celoso Defensor de Cristo, José Obediente, Terror de los Demonios y Protector de la Santa Iglesia.

Jesús nació durante el reinado del Rey Herodes. El Evangelio de San Mateo nos dice que unos magos que venían del oriente vieron una estrella y vinieron a Jerusalén buscando el lugar donde estaba *"el rey de los judíos recién nacido"* [63] Les dijeron que había de nacer en Belén. Herodes *"Después los envió a*

---

[63] Mateo 2:2

Belén y les dijo: 'Vayan y averigüen bien todo lo que se refiere a ese niño, y apenas lo encuentren, avísenme, porque yo también iré a rendirle homenaje.' " [64] En realidad, Herodes se sintió amenazado con la posibilidad de un nuevo rey y tenía planeado matarlo. Los reyes magos encontraron a Jesús en Belén, lo adoraron y le dieron regalos. Pero *"Luego se les avisó en sueños que no volvieran donde Herodes, así que regresaron a su país por otro camino."* [65]

Como San José estaba atento y era obediente a la voluntad de Dios, él pudo proteger y cuidar al niño Jesús de la amenaza de Herodes. *"Después de marchar los Magos, el Ángel del Señor se le apareció en sueños a José y le dijo: 'Levántate, toma al niño y a su madre y huye a Egipto. Quédate allí hasta que yo te avise, porque Herodes buscará al niño para matarlo.' José se levantó; aquella misma noche tomó al niño y a su madre, y partió hacia Egipto, permaneciendo allí hasta la muerte de Herodes... Herodes se enojó muchísimo cuando se dio cuenta que los Magos lo habían engañado, y fijándose en la fecha que ellos le habían dicho,*

---

[64] Mateo 2:8
[65] Mateo 2:12

ordenó matar a todos los niños menores de dos años que había en Belén y sus alrededores." [66]

La primera cualidad de San José que notamos es su atención a la voluntad de Dios. Aunque él haya escuchado de parte del Señor durante su sueño, San José siempre estuvo espiritualmente despierto. Él era como un vigilante. Un peligro constante en la vida espiritual es que nos quedemos atrapados en la vanidad y el ruido del mundo y perdemos la habilidad de escuchar la pequeña y tranquila voz de Dios que nos guía. Cuando el ángel del Señor le habló a José en un sueño, él reconoció la voz de Dios. No la dejo ir. Podemos pensar en San José cuando escuchamos las palabras del Nuestro Señor diciendo: *"Felices los sirvientes a los que el patrón encuentre velando a su llegada."* [67] José es uno de los sirvientes felices y benditos de Dios.

Es muy interesante como el Señor decidió darle estas instrucciones a José en vez de María. Sabemos que la Santísima Virgen María fue la mujer más espiritualmente dócil que haya vivido. Pero cuando Dios decidió comunicar estas instrucciones, se las comunicó a José. Esto confirma que una

---

[66] Mateo 2:13-16
[67] Lucas 12:37

alianza matrimonial, el esposo y la esposa entran a un arreglo mutuo. Aunque José estaba casado con la mujer más santa, Dios honró la dignidad y responsabilidad compartida de José. San José no pidió su responsabilidad como padre de la familia. Más bien, él aceptó y abrazó este papel de vida. Nuestra Señora sabía que su esposo escuchaba la voz de Dios claramente. Ella confiaba suficientemente en él como para salir del país a media noche, huyendo del poder de la obscuridad que estaba tratando de matar al niño.

En el momento que su familia estaba en peligro, José una vez más probó ser rápido y perfecto en su obediencia. Hasta cuando Dios le pidió a José hacer algo repentino y difícil, el humilde carpintero simplemente obedeció. José nunca cuestionó o trató de discutir los términos y condiciones. Vemos esto consistentemente con San José, y por eso se merece el título de "José Obediente." Este humilde carpintero demostró una obediencia casi incomparable en todas las Escrituras.

En la letanía también invocamos a San José como el Protector de la Santa Iglesia. Al cuidar a su hijo contra el odio de Herodes, el padre adoptivo de Jesús ya estaba protegiendo a la Iglesia en su forma seminal. La Iglesia es el Cuerpo de Cristo.

José no solamente protegió el Cuerpo de Cristo durante la niñez de Jesús, pero continúa protegiendo el cuerpo místico de Cristo, la Iglesia. Muchas veces cuando la Iglesia Católica ha sido atacada por diferentes ideologías o movimientos políticos, los papas han recurrido a San José, pidiendo su protección especial y su intercesión. En el libro de Apocalipsis, Juan describe a la Mujer, quien simboliza a la Iglesia.[68] Esta Mujer lucha contra el Dragón Rojo, quien quiere devorar a su niño. Al huir a Egipto con María y Jesús, San José protegió a la Mujer y al Niño.

No solamente era Herodes quien quería destruir al Salvador recién nacido, sino todos los poderes de la obscuridad. Jesús estuvo bajo el ataque de las fuerzas del mundo y las fuerzas espirituales. La misión de José era proteger a Jesús de esas fuerzas. Dios le dio la gracia para hacerlo. La teología católica llama esto "la gracia de estado." La gracia de estado significa que Dios siempre nos da la gracia necesaria para cumplir su voluntad, especialmente relacionada con la vocación de cada uno. Los padres son responsables del bien temporal y espiritual de sus hijos. Por eso, a los padres y a las madres se les da la autoridad de bendecir y de

---

[68] Apocalipsis 12:3-4

atar. Si hay algún poder del enemigo dirigido en contra de la familia los padres tienen la autoridad de atar cualquier amenaza del enemigo y ordenarle que se vaya. Imagínate todo el poder del infierno dirigido contra el Salvador, el Cordero de Dios quien ha venido a quitar el pecado del mundo. Según el orden divino de Dios, José como padre, tenía la autoridad para ordenarle a esos poderes que se fueran. También por eso otro título por el cual invocamos a San José es "Terror de los Demonios."

La historia de la huida a Egipto nos muestra como el padre adoptivo de Jesús siempre protegió a su niño. Vemos como San José estaba bien atento a la voz de Dios y a toda instrucción del Espíritu. Vemos a un hombre que obedecía a Dios en todo y asumió su papel como protector de su familia. José fue un hombre que sabía cuál era su autoridad sobre los poderes obscuros que estaban en contra de Jesús y María. Él fue el guardián ejemplar de la Sagrada Familia y también quiere ser el guardián amoroso de cada uno de nosotros.

¡San José, Celoso Defensor de Cristo, ruega por nosotros!

Oración a San José

¡Acuérdate, O castísimo esposo de la Virgen María, dulce protector mío San José que jamás se ha oído decir que ninguno de los que han invocado tu protección e implorado tu auxilio, haya quedado sin consuelo! Animado con esta confianza, vengo a tu presencia y me entrego fervorosamente a tu bondad. No desatiendas mis súplicas, o padre adoptivo del Redentor, antes bien acógelas y dígnate socorrerme con piedad. Amén.

Padre Nuestro...

Dios te salve María...

Gloria al Padre...

Día 8

Patrón de una Muerte Felíz

"No me acuerdo hasta ahora haberle suplicado cosa que la haya dejado de hacer."[69] - Santa Teresa de Ávila

En la Letanía de San José, invocamos a San José como "Patrón de los Moribundos." Es una tradición piadosa que José murió en los brazos de Jesús y María. Por eso es que consideramos a José como el patrón de una muerte feliz y le pedimos que también nosotros podamos tener una muerte feliz. Es bueno y benéfico meditar en el hecho de que vamos a morir algún día. El libro de Eclesiástico nos dice, *"En todo lo que hagas acuérdate de tu fin y nunca pecarás."* [70] San José nos da esperanza al contemplar la realidad de que un día seremos llamados a nuestro hogar eterno.

---

[69] Santa Teresa de Ávila, Autobiografía, Capítulo XI
[70] Eclesiástico 7:36

Es probable que José haya muerto antes de que Jesús empezara su ministerio público. Hay dos cosas en las Escrituras que parecen indicarnos esto. Primera, la presencia de José no es mencionada durante el ministerio público de Jesús. Pero si nos dice que Nuestra Señora estaba con Jesús en esos tres años. La segunda pista de que José falleció antes de que Jesús empezara su ministerio público es que Jesús se fue de Nazaret. San Mateo nos dice, "*No se quedó en Nazaret, sino que fue a vivir a Cafarnaúm, a orillas del lago.*" [71] Jesús creció en Nazaret y trabajó como carpintero con José. En el tiempo de Jesús, era típico que el hijo aprendiera hacer el mismo trabajo del papa y vivir y trabajar con su papá hasta que muriera. Una vez que el padre hubiera muerto, el hijo podía irse y establecerse en otro lugar. Entonces el hecho de que Jesús se fue a vivir a Cafarnaúm pudiera indicar que José ya había fallecido.

Podemos entender porque pudiera ser necesario que José falleciera antes de que Jesús empezara su ministerio público. El papel y misión de José era proteger al niño. Durante la infancia de Jesús, José lo protegió y lo mantuvo escondido de Herodes, quien trato de matarlo. Si José hubiera estado vivo

---

[71] Mateo 4:13

cuando Jesús fue condenado a muerte, él hubiera dado su vida para proteger a su hijo. Sin embargo, Jesús nació para morir. Jesús es el Cordero de Dios que quita el pecado del mundo. Él tenía que entregar su vida sacrificándose por nosotros. La misión de José era proteger al Cordero hasta que llegara su hora. Tal vez en el plan providencial de Dios, José falleció para que el Salvador pudiera cumplir su misión.

Si José en realidad murió antes de que Jesús empezara su ministerio público, es muy probable que la tradición de que José murió en los brazos de Jesús y María sea correcta. Sabemos que Jesús siempre estuvo muy cerca de su familia. Él vivió en Nazaret con María hasta que comenzó su ministerio público. Tiene mucho sentido que Jesús haya querido estar ahí en el momento cuando su padre adoptivo se estaba muriendo, como cualquier hijo amoroso lo haría. María, también hubiera estado con su devoto esposo en estos últimos momentos. No hay mejor manera de morir que en los brazos de Jesús y María.

José murió con la gracia de haber cumplido su misión. Su misión era ser un padre para el Hijo de Dios, cuidar a Jesús como si fuera su propio hijo. San José pudo haber dicho con San Pablo, "*He combatido el buen combate, he terminado mi carrera, he guardado lo que depositaron en mis manos. Sólo me queda recibir la corona de toda vida santa con la que me premiará aquel día el Señor, juez justo; y conmigo la recibirán todos los que anhelaron su venida gloriosa."* [72] ¿No es eso lo que todos quisiéramos decir el día que el Señor nos llame a casa?

Solamente nos podemos imaginar los últimos momentos de la vida de José. Él, quien siempre se dejó guiar por Dios durante toda su vida, se hubiera entregado completamente a Dios hasta en su muerte. Sabemos que José fue un hombre de pocas palabras. Tal vez simplemente fijo su mirada profundamente hacia los ojos de Nuestro Señor y de Nuestra Santa Madre conforme las lágrimas se derramaban de sus ojos. Jesús le hubiera mostrado muchísimo amor y afecto al hombre que cuido de él cuando era niño. Jesús y José habían pasado muchos años trabajando juntos en la carpintería o donde estuvieran. Jesús no solo estaba perdiendo a su padre terrenal sino también a su compañero de trabajo, y tal vez también a su amigo más cercano. Se dice que José era el hombre más cercano a Jesús. Podemos imaginar el dolor en el corazón del

---

[72] 2 Timoteo 4:7-8

Señor cuando le decía adiós al hombre con quien se había acercado tanto. Jesús probablemente hubiera encomendado a su padre adoptivo a su Padre Celestial. María también le hubiera expresado su tierno amor al hombre quien era tan devoto a ella y con quien compartió tan hermosa vida. Ella hubiera entregado su esposo, quien ella amaba tanto, a Dios. María también hubiera sufrido el dolor de decirle adiós a su amoroso y fiel esposo. Pero en el mismo dolor, hubiera tenido una fe profunda y confianza en Dios. La muerte de San José estuvo llena de consolación y gozo. Él tuvo una muerte feliz.

Contemplar la santa muerte de José nos ayuda prepararnos para nuestra propia muerte. Es muy bueno entregarle a Dios cuando y como vamos a morir, confiando en Su santa y perfecta voluntad. Podemos pedir que nuestra muerte esté llena de paz y gozo; que el Señor nos proteja de todo miedo y desesperación. Como cristianos, todos deberíamos pedir por la gracia de perseverar hasta el final, que le podamos ser fieles al Señor hasta nuestro último respiro. Podemos pedir que no muramos hasta haber recibido los últimos sacramentos. Le rogamos a Dios que nuestros corazones estén llenos del amor de Dios en el momento que nos estemos muriendo. Sobre todo, debemos de pedirle a Dios que muramos en estado de gracia. Todos debemos pedirle a Dios que, como San José, tengamos una muerte santa y feliz.

San José nos modela como vivir y como morir. Él tuvo una muerte feliz. Él dejó este mundo después de haber cumplido con su misión. Le pedimos a San José que ore por nosotros para que también vivamos y muramos bien.

¡San José, Patrón de los Moribundos, ruega por nosotros!

Oración a San José

¡Acuérdate, O castísimo esposo de la Virgen María, dulce protector mío San José que jamás se ha oído decir que ninguno de los que han invocado tu protección e implorado tu auxilio, haya quedado sin consuelo! Animado con esta confianza, vengo a tu presencia y me entrego fervorosamente a tu bondad. No desatiendas mis súplicas, o padre adoptivo del Redentor, antes bien acógelas y dígnate socorrerme con piedad. Amén.

Padre Nuestro...

Dios te salve María...

Gloria al Padre...

Día 9

El Patrón Universal

*"El ejemplo de San José, "[un] hombre justo"
—como dice el evangelista—, plenamente
responsable ante Dios y ante María,
constituye para todos un estímulo en el
camino hacia el sacerdocio. Se nos muestra
siempre atento a la voz del Señor, que guía
los acontecimientos de la historia, y
dispuesto a seguir sus indicaciones; siempre
fiel, generoso y abnegado en el servicio;
maestro eficaz de oración y de trabajo en el
ocultamiento de Nazaret. Queridos
seminaristas, os puedo asegurar que cuanto
más avancéis, con la gracia de Dios, por el
camino del sacerdocio, tanto más
experimentaréis cuán rico es en frutos
espirituales referirse a san José e invocar su
ayuda en el cumplimiento diario del deber."*
[73] - Papa Benedicto XVI

---

[73] Papa Benedicto XVI, Discurso al Seminario Romano Mayor,
25 de Febrero del 2006.
http://www.clerus.org/bibliaclerusonline/es/dv2.htm#s1

Hoy, en el último día de nuestra preparación para la consagración, vemos a San José como el patrón universal. La Iglesia nos invita a todos a tenerle una devoción al padre adoptivo de Jesús. San José es para todos. Todos podemos encontrar algo que San José modela y que cual nos inspira. Veamos algunas de las áreas que están bajo el patrocinio de este gran santo.

José fue el padre adoptivo de Jesús y por eso es el patrón de los padres. Toda paternidad debe de reflejar la paternidad de Dios. José es el hombre que reflejó más perfectamente a Dios en su paternidad. Una de las maneras de como Nuestro Señor honró y obedeció a su Padre Celestial fue al honrar y obedecer a su padre terrenal. Todo hombre a quien se le ha dado la dignidad y responsabilidad de ser padres le pueden pedir a San José que les ayude a ser buenos padres.

José también es el patrón de los esposos. Él fue el esposo de la Virgen Inmaculada. La vocación de San José fue marcada por el vaciarse de sí mismo total y radicalmente. Los hombres casados pueden aprender de San José, quien desinteresadamente protegió la pureza de Nuestra Santísima Madre, como respetar a sus esposas. Las jóvenes se pueden consagrar a San José, quien cuida a sus hijas espirituales con un amor puro y varonil. Es bueno que la gente joven se consagre a San José, Custodio de vírgenes. Una de las cosas por la cual José es famoso es por haberle ayudado a jóvenes mantener su inocencia.

Con Nuestra Señora, San José es el patrón de la familia. Toda familia debería estar consagrada a la Sagrada Familia. José es un modelo de masculinidad. Los hombres deberían obtener inspiración de José Justísimo. Mucha gente, especialmente aquellos que no tuvieron buenos padres, han experimentado el amor paterno de San José al consagrarse a este humilde carpintero.

San José es patrón de los trabajadores. Él fue un trabajador, y tuvo que mantener a su familia. Él también es patrón de los pobres. Como San José también experimentó la pobreza, especialmente cuando nació Jesús, él es la ayuda de aquellos que acuden a él en tiempos difíciles. Sin embargo, también es el patrón de los ricos. Los ricos se pueden identificar con José como el hijo de David, él era de la descendencia del Rey David. José también tenía a los dos tesoros más grandes en su propio hogar: Jesús y María. José también les ayuda a los ricos acordarse que nuestro verdadero tesoro está en el Cielo.

José tiene el título de "Consuelo de los miserables." Durante su huida a Egipto, José tuvo que dejar su patria en el medio de la noche junto a su familia y solo con unas cuantas posesiones. Esto seguro fue una gran dificultad para José. Tuvo que encontrar trabajo en una tierra que no conocía, posiblemente sin hablar el idioma y sin conocer a nadie. Por esta razón, San José también es el patrón de aquellos que están buscando trabajo. Cualquier persona que tenga alguna dificultad en su vida puede acudir a José, quien entiende estas situaciones. Todos los que están lejos de su propio país y todos los inmigrantes pueden acudir a San José porque él entiende los problemas que surgen al vivir en una tierra desconocida. José nos puede ayudar cuando la vida se pone difícil.

El clero también puede tomar a San José como un patrón. Los Obispos, sacerdotes, y diáconos son los custodios de los misterios de Dios y todavía mas importante los custodios de Jesús en el Santísimo Sacramento. San José fue el guardián del Señor durante su vida terrenal, y por eso el clero acude a él para pedirle ayuda con esta gran responsabilidad. Además, San José es un buen patrón para el clero porque él es patrón de los contemplativos y de los que viven la vida consagrada.

Estos son algunos ejemplos de aquellos que se pueden poner bajo el patrocinio de San José, aunque cualquiera puede encontrar beneficio en tenerle devoción a él. Él es el patrón universal.

***

¿Por qué hay tanta gente en todas las diferentes etapas de la vida tan atraídas a San José? Aquí están tres razones por la cual este hombre silencioso es tan amado. Primera, él modela el "ser" en vez del "hacer." Lo que hagamos es importante, pero no es tan importante como lo que somos, nuestro carácter. En los ojos del mundo, este humilde carpintero no hizo nada grande, pero en los ojos de Dios este carpintero cumplió fielmente con una de la misión más importante que un ser humano pueda recibir. José era un hombre justo, lo cual vale más que cualquier logro mundano. Queremos mucho a José porque nos recuerda que es lo más importante.

La segunda razón por la cual la devoción a San José es tan popular es que él ejemplifica la santidad de la vida ordinaria. Él fue carpintero, esposo, y un hombre de familia viviendo una vida escondida. Aunque era un hombre ordinario, vivió una vida ordinaria en una manera extraordinaria. Casi todos nos podemos identificar con la vida común de José. Cuando vemos a santos como San Juan el Bautista, quien vivió una vida austera de penitencia, o a Pedro, quien Jesús lo llamo a caminar con él por tres años y dirigir a la iglesia, o Pablo, quien se fue en grandes viajes como misionero, podemos sentir que la santidad esta fuera de nuestro alcance. Sin embargo, un conductor de autobús puede identificarse con José. Una madre, quien se preocupa por su familia, puede identificarse con José. Todos podemos identificarnos con José. Por eso lo queremos tanto.

La última característica que nos atrae a San José es su humildad. Hasta la misma sabiduría popular dice que la humildad es atractiva. La humildad de José es una de sus características más destacadas. José fue un gran hombre que nunca estaba buscando atención para sí mismo. A todos nos debería gustar ese tipo de humildad.

San José es un modelo para todos los cristianos. La Iglesia nos invita a encontrar un amigo en San José. Entreguémonos al padre adoptivo de Jesús. Con Nuestro Señor y Nuestra Santísima Madre, dejemos que José sea nuestro guardián y protector.

¡San José, Protector de la Iglesia, ruega por nosotros!

Oración a San José

¡Acuérdate, O castísimo esposo de la Virgen María, dulce protector mío San José que jamás se ha oído decir que ninguno de los que han invocado tu protección e implorado tu auxilio, haya quedado sin consuelo! Animado con esta confianza, vengo a tu presencia y me entrego fervorosamente a tu bondad. No desatiendas mis súplicas, o padre adoptivo del Redentor, antes bien acógelas y dígnate socorrerme con piedad. Amén.

Padre Nuestro...

Dios te salve María...

Gloria al Padre...

Oración de Consagración

Querido San José, me entrego hoy a tu
cuidado amoroso. Se mi protector y mi guía
en este peregrinaje terrenal.
Intercede por mí para que, como tú,
Yo pueda ser verdaderamente devoto a
Jesús y María.
Amén.

Letanías de San José

Señor, ten misericordia de nosotros

Cristo, ten misericordia de nosotros.

Señor, ten misericordia de nosotros.

Cristo óyenos.

Cristo escúchanos.

Dios Padre celestial, ten misericordia de nosotros.

Dios Hijo, Redentor del mundo, ten misericordia de nosotros.

Dios Espíritu Santo, ten misericordia de nosotros.

Santa Trinidad, un solo Dios, ten misericordia de nosotros.

Santa María, ruega por nosotros.

San José, ruega por nosotros.

Ilustre descendiente de David, ruega por nosotros.

Luz de los Patriarcas, ruega por nosotros.

Esposo de la Madre de Dios, ruega por nosotros.

Casto guardián de la Virgen, ruega por nosotros.

Padre nutricio del Hijo de Dios, ruega por nosotros.

Celoso defensor de Cristo, ruega por nosotros.

Jefe de la Sagrada Familia, ruega por nosotros.

José, obediente, ruega por nosotros.

José, justísimo, ruega por nosotros.

José, castísimo, ruega por nosotros.

José, prudentísimo, ruega por nosotros.

José, valentísimo, ruega por nosotros.

José, fidelísimo, ruega por nosotros.

Espejo de paciencia, ruega por nosotros.

Amante de la pobreza, ruega por nosotros.

Modelo de trabajadores, ruega por nosotros.

Gloria de la vida doméstica, ruega por nosotros.

Custodio de Vírgenes, ruega por nosotros.

Sostén de las familias, ruega por nosotros.

Consuelo de los desgraciados, ruega por nosotros.

Esperanza de los enfermos, ruega por nosotros.

Patrón de los moribundos, ruega por nosotros.

Terror de los demonios, ruega por nosotros.

Protector de la Santa Iglesia, ruega por nosotros.

Cordero de Dios, que quitas los pecados del mundo:
perdónanos, Señor.

Cordero de Dios, que quitas los pecados del mundo:
escúchanos, Señor,

Cordero de Dios, que quitas los pecados del mundo:
ten misericordia de nosotros.

V.- Le estableció señor de su casa.

R.- Y jefe de toda su hacienda.

Oremos: O Dios, que en tu inefable providencia, te dignaste elegir a San José por Esposo de tu Santísima Madre: concédenos, te rogamos, que merezcamos tener por intercesor en el cielo al que veneramos como protector en la tierra. Tú que vives y reinas por los siglos de los siglos. Amén.

Otras Oraciones a San José

Oración de Protección

O San José, cuya protección es tan grande, tan poderosa y eficaz ante el trono de Dios, en vuestras manos entrego todos mis intereses y mis deseos. O San José, asísteme con vuestra poderosa intercesión. Obtén para mí, de vuestro Divino Hijo, Nuestro Señor, todas las bendiciones espirituales que necesito. A fin de que, habiendo conseguido, aquí en la tierra, la ayuda de vuestro poder celestial, pueda ofrecer mi gratitud y homenaje, al Padre más Amoroso.

O San José, nunca me cansaré de contemplarte con el Niño Jesús dormido en vuestros brazos. No me atrevo acercarme mientras que el Niño reposa sobre vuestro corazón. Abrázalo fuertemente en mi nombre; y de parte mía, besa su fina y delicada cabecita. Luego, suplícale que me devuelva ese beso a la hora de mi último suspiro. San José, patrón de los moribundos, ruega por mí. Amén.

Oración para pedir la Virtud de la Santa Pureza

O custodio y padre de vírgenes San José, a cuya fiel custodia fueron encomendadas la misma inocencia, Cristo Jesús, y la Virgen de las vírgenes María, por estas dos queridísimas prendas, Jesús y María, te ruego y suplico me alcances que, preservado de toda impureza, sirva siempre castísimamente con alma limpia y corazón puro y cuerpo casto a Jesús y a María. Amén.

Información Sobre el Autor

Padre Mark Goring es un miembro de los Companions of the Cross (Compañeros de la Cruz), una comunidad de sacerdotes nueva que empezó en Ottawa, Canadá. El creció en la cuidad de Pembroke, en el valle de Ottawa. El entró a los Compañeros de la Cruz cuando tenía 18 años y fue ordenado al sacerdocio en el 2002, a la edad de 26. El Padre Mark es el asistente general de los Compañeros de la Cruz. Él es el director de Centro Católico Carismático en Houston, Texas, EEUU. Padre Mark también es parte del ministerio Food for Life Television Ministry.

Made in the USA
San Bernardino, CA
18 June 2017